VISITÉ EL CIELO

R. DANTE PACHECO OCHOA

TESTIMONIO DE UNA ANCIANA
CLÍNICAMENTE MUERTA,
CUYO ESPÍRITU FUE AL CIELO
Y VOLVIÓ A VIVIR.

DEDICATORIA

Obra dedica a su protagonista señora Segundina Torneros vda. de Aquino y a toda la congregación de IEP Huancayo de la que fue miembro.

*"De cierto, de cierto os digo: El que oye mi palabra, y cree al que me envió, tiene vida eterna; y no vendrá a condenación, mas **ha pasado de muerte a vida**. Jn.5:24."*

CONTENIDO

PRÓLOGO 7

VISITÉ EL CIELO 9

TRANSCRIPCION DEL HIMNO 37

TESTIMONIO DE LA ANCIANA SEGUNDINA AQUINO 39

PRÓLOGO

Segundina Torneros Rodríguez Vda. De Aquino, fue una anciana de 85 años de edad, a lo mucho habría cursado la instrucción primaria y vivió sola sin descendientes en una casa situado en El Tambo Huancayo. Un día se contactó con el autor de este relato para consultar de los problemas judiciales que venía pasando con sus inquilinos, quienes estaban por apropiarse de su casa. Después de resolver esos problemas, la anciana marro sus testimonios y episodios de su vida pasada. De ese modo refirió verbalmente este relato y posteriormente el autor escribió tal y conforme relataba con su vocabulario de provinciana; hecho que precisó corregir y adecuar a las reglas gramaticales y de construcción literaria, sin variar absolutamente su mensaje original.

Esta anciana, efectivamente sirvió al Señor desde su juventud en el Ministerio con las Mujeres: primero, como Maestra de la Escuela Dominical en la Iglesia del Jr. Arequipa-Huancayo, y luego ocupó diversos cargos en la Liga Femenina y COPLIF. Siguió siendo miembro de esa congregación, mientras que su esposo Inocencio Aquino

Chocos, había fallecido hace ya muchos años atrás.

Los episodios que narra como experiencia personal y de primera fuente, comprueba que existe vida después de la muerte, tan igual como señala la Biblia. No podría juzgarse este relato como ficción o invención alguna; dado a que la citada anciana, con el nivel de educación que tenía, no podría haber inventado un hecho impresionante que describe; en todo caso, el autor deja a criterio del lector dé sus propias conclusiones.

El Tambo, 29 de Setiembre del 2002

Robert Dante Pacheco Ochoa

VISITÉ EL CIELO

Un día no determinado del año 1962, me encontraba sola en mi casa de El Tambo-Huancayo, realizando labores cotidianas de mi hogar. Esa tarde llegó mi esposo Inocencio procedente de su trabajo, un tanto molesto y mal humorado, comportamiento que venía mostrando desde tiempos atrás, debido a que en mi condición de presidenta de Liga Femenina de mi iglesia, empleaba tiempo en ejercer esa función con propósitos de difundir el Evangelio de Salvación en toda esa región, además, salía de viaje para apoyar a las iglesias nacientes y organizar el departamento de Liga Femenina; por cuyo motivo mi esposo mostraba su desacuerdo, pese a que él también era ya creyente evangélico.

Ante su enojo aquella tarde –procurando que su enfado no se acreciente– le serví con premura sus alimentos, invitándole amablemente a sentarse a la mesa. Así lo hizo y probando el potaje que le había servido, se enfadó objetando que la comida no estaba de su agrado y levantándose de la mesa me reprochó airadamente. Ante tal situación y sin replicar a sus insultos, simuladamente fui a refugiarme en mi dormitorio para evitar a que la situación no pase a mayores; sin embargo, él me siguió enfurecido y comenzó a golpearme con puñetes en el rostro y la nariz, haciéndome sangrar copiosamente; luego, cegado de ira me dio una feroz patada en la boca del estómago, haciéndome rodar en el suelo donde quedé desvanecida, o muerta.

De pronto me vi en un cambio repentino de mi estado corporal, muy diferente a la vida actual; hecho que claramente comprendí, que había pasado de lo material a lo espiritual. En ese preciso instante mi espíritu o alma –no lo sé– habló y empecé a elevarme en el espacio, mientras que mi cuerpo quedaba inerte y tendida en el piso.

Lentamente y en estado espiritual comencé a ascender, notando que estaba subiendo por un caminito muy estrecho y lleno de espinas a todos lados; no veía a nadie y me encontraba sola. Luego noté que el caminito también era pedregoso y extremadamente seco que se extendía hacia el cielo. Al estar ascendiendo por ese extraño sendero, me dio sed, pero sed en extremo, y comencé a buscar agua con ansiedad hasta por debajo de las piedras que existía en aquel camino; al no hallar el líquido elemento en ningún lado, opté a succionar con avidez la poca humedad que encontré bajo las piedras, tratando de calmar mi descomunal sed.

Seguidamente, aún con mi espíritu sediento de agua, continué con el prolongado ascenso, llegando a un llano no tan pequeño donde se encontraban perros por millares, de diversas razas y tamaños; no existía personas allí, solo perros. Al notar mi presencia, algunos comenzaron a correr amenazadoramente hacia mí y en una bulliciosa jauría, cuando repentinamente y de algún lugar aparecieron tres pequeños perritos, a los que de inmediato los reconocí que eran los animalitos que había criado en mi niñez allá en mi pueblo natal de Colcabamba. En seguida me acordé de sus nombres: "joven duque", "papuchquito" y "muropolloquita".

Ante la arremetida de la inmensa jauría que corrían para atacarme, los tres perritos se pusieron delante de mí y con inusitada bravura los detuvo, liderado por "papuchquito" el más pequeño de los tres; éste, embravecido y amenazadoramente era el que más los hacía retroceder, ladrando con frenesí y llevándolos a todos a una inmensa pampa –lugar que supuse que sería la sección o la habitación de los perros en el cielo– Seguidamente, "papuchquito" y el "joven duque", contentos y alegres con mi presencia, mirándome y batiendo sus colitas cariñosamente me acompañaron en mi prolongado ascenso. Cuando me encontraba ya muy lejos del lugar de los perros, los tres se dieron la vuelta, volviendo a aquel lugar donde debían estar; en su retorno, de cuando en cuando volvían la mirada hacia mí, aullando como si estarían sintiendo tristeza por nuestra separación.

En mi ascenso, nuevamente llegué a una explanada de regular tamaño, cubierto de tupidos y verdes pastos como si fuera una gran alfombra extendida. Inmediatamente noté que ese lugar no tenía salida, todo el entorno estaba cercado de inmensas rocas y tupidos arbustos.

Cuando estuve mirando ese extraño paraje, más al fondo vi un muro cubierto de abundante musgo, que a mi juicio sería el único lugar por donde podría escalar. Me dirigí hacia el muro y por ese lado traté subir para trasponer al otro lado, agarrándome de un manojo de musgo; al hacer el impulso para escalar, se desprendió la maleza y caí de espaldas quedando tendía, sintiendo que esa abundante capa vegetal caía sobre mi rostro cubriéndome todo mi cuerpo; en seguida me incorporé retirando el abundante musgo y tierra húmeda de mi cara, cabello y cuerpo, percibiendo a la vez que la parte del muro de donde cayó la maleza, había quedado descubierta dejando a la vista unas salientes de piedras, como para poder pisar y trasponer por ella.

Así lo hice, pero esta vez me agarré de una planta de "Tayanco"1, el único que había quedado al borde del muro. Mientras escalaba me entró un temor electrizando todo mi ser, pero logré transponer al otro lado con mucho cuidado, encontrando otra planicie de mediano tamaño. Proseguí mi caminata lentamente absorta por mi situación y el extraño lugar a donde había llegado.

En mi caminata arribé a una zona desde donde pude ver una pendiente muy prolongada que se perdía en las alturas, seguí caminando por

---

[1] . Pequeño arbusto que crece en abundancia en las alturas.

el sendero empinado y después de un largo ascenso, llegué a otro llano donde existía una casa blanca.

Por su gran tamaño e imponente aspecto, supuse que se trataría de un hospital o algo similar, e inmediatamente mi temor se tornó en regocijo pensando que allí encontraría ayuda y seguridad; no obstante, al acercarme a la casa no pude ingresar por alguna razón, nuevamente me atemorice y sentí desilusión quedando pasmada y recorriendo con la mirada el entorno de la inmensa edificación buscando una puerta de ingreso para pedir auxilio, en eso, vi a un lado de un gran patio un montón de ropas manchadas con abundante sangre, notándose aún, que ese fluido de la vida discurría por todo ese ambiente. Por el cuadro tétrico y lúgubre quedé petrificada y aterrada; estando así, una potente y sonora voz que provenía de algún lugar o ambiente lejano de aquel gran edificio, me hizo volver a la realidad diciendo:

—¡Lleven a esa mujer a la habitación de en frente!

Al instante se presentó un hombre de aspecto fiero y osco; y éste, agarrando mi brazo con violencia me condujo a una amplia habitación oscura y tétrica. Allí me arrojó al interior y salió apresurado asegurando la puerta con llave, aún escuché nítidamente el sonido característico del accionar del picaporte.

Sola y aterrada en esa tenebrosa y lúgubre habitación, quedé visualizando en mi mente el horrible cuadro de ropas ensangrentadas que vi al llegar al lugar, e inmediatamente pensé que en esa gran casa estarían matando a personas; aumentando mí sospecha, al ver entre penumbras del oscuro cuarto, abundante sangre esparcido por todos lados y otra cantidad similar de ropa amontonada, manchadas de cuantiosa sangre.

Ante el horror del ambiente prorrumpí en angustioso llanto, sospechando que también me matarían allí. Más al fondo y contiguos a esa habitación, vi otros cuartos similares donde se encontraban muchas mujeres, todas estaban mirándome aterradas y en un sepulcral silencio; seguidamente, la misma voz ronca se escuchó desde un lugar lejano ordenando:

—¡Ya puedes traer a esa mujer!

Ante el aterrador mandato me estremecí de espanto y rompí en llanto, escuchando simultáneamente pasos de alguien que se acercaba hacia mí, probablemente para llevarme y matarme inmisericordemente.

Estando en esa situación de extrema zozobra, en tanto que los pasos del siniestro personaje se acercaban hacia mí, repentinamente vi en el horizonte algo reluciente en forma de loza perpendicular que venía extendiéndose desde el cielo al lugar donde me encontraba, por esa loza brillante bajaba el Señor Jesucristo. Su vestidura era tan blanca y resplandeciente que jamás había visto, estaba adornada con una franja perpendicular de color rojo; es más, viendo su espléndida figura entendí que siempre le había conocido.

Cuando estaba observando embelesada y maravillada, llegó frente a mí y sacando una llave antigua y grande del bolsillo situado en su pecho, abrió la puerta de ese tenebroso cuarto, en el preciso momento en que el siniestro hombre estuvo por cogerme de mi brazo para llevarme a los interiores de esa gran casa. El Señor Jesús, con gesto amoroso y tierno cogió mi mano y me sacó de esa lúgubre habitación, para luego conducirme por una extensa pendiente; sintiendo y percibiendo en mí ser, que el lugar a donde me transpondría el Señor era seguro y nada me pasaría allí. Asimismo, en el mismo instante cuando el Señor Jesús asió mi mano, el siniestro hombre que estuvo por cogerme por mandato de esa extraña voz, desapareció en el acto, también las mujeres y las habitaciones todas.

Luego me vi conducida por el Señor Jesús, ascendiendo por esa pendiente que se extendía al firmamento; mientras nos elevábamos, noté que sus manos eran blancas y muy hermosas que no tiene comparación en la tierra. Después de remontar muy arriba en lo alto asido de mi mano, con la otra señaló hacia abajo haciéndome ver a aquél osco y fiero hombre que se encontraba solo en aquella gran casa, luego me dijo con inusitada dulzura:

– Ahora, nadie te va matar.

Sus palabras me infundieron paz interior que no puedo explicar con palabras. Seguimos ascendiendo por esa misma pendiente que no era escalera, pero parecida a una losa reluciente por donde había bajado el Señor. Llegamos a una apacible planicie de pastos verdes, lugar donde el Señor me dejó sin decirme nada y desapareció súbitamente.

Inmediatamente dirigí la mirada por el entorno buscando al Señor. A la distancia frente a mí vi un muro de inmensas piedras y supuse que por ese lugar no podría salir de ninguna manera – Por lo menos así evalué en ese momento– En eso, repentinamente se presentó un hombre negro alto y robusto; por su apariencia y aspecto de ogro, nuevamente me entró mucho miedo y comencé a llorar buscando instintivamente al Señor Jesús. El negro, señalando con su mano izquierda el inmenso muro de rocas me dijo apaciblemente:

—Entrar por allí.

Y estirando su mano derecha hacia el muro, reprendió a las rocas a gran voz diciendo estas palabras:

—¡Menes! ¡Ábrete!

En seguida se escuchó un ruido de rozamiento de grandes rocas y un bloque de piedra de gran tamaño, se deslizó lentamente a un lado dejando una abertura en el muro. Sin vacilar corrí a esa abertura ingresando de prisa al pasaje, percibiendo que el hombre negro también corrió e ingresó tras de mí.

El lugar era lúgubre y oscuro y pensé que aquél hombre me mataría allí, pero éste, en seguida abrió una pequeña puertecita que comunicaba con el exterior al otro lado del gran muro; sin que me diese la orden de pasar, transpuse corriendo por aquella puertecita, saliendo al otro lado y encontrándome con un profundo abismo que me impedía el paso.

Aterrada y al filo del gran despeñadero me dio vértigo y quedé paralizada, poniéndome a llorar desconsoladamente por lo sombrío y peligroso de aquel lugar. Cuando estuve llorando y buscando como salir de ese precipicio, en el horizonte apareció un gran buitre que se dirigía raudamente volando hacia mí y desplegando sus inmensas garras amenazadoramente; en mi angustia y desesperación, solo atiné a gritar:

– ¡Misericordia Dios!

Cuando el buitre llegó por encima de mi cabeza y estuvo por clavar sus enormes garfios, logré agarrar las patas tirando de ellas hacia abajo para no ser alzada en el aíre. Ante mi espontánea y férrea defensa el buitre forcejeó fieramente dándome aletazos, luego pude agarrar del cuello torciéndolo hasta arrancarlo la cabeza y lanzarlo a un lado y el cuerpo al otro; en el fragor de la lucha, aún pude notar la sangre del animal chorreando a borbotones.

Para mi desdicha y pavor, la cabeza y el cuerpo del buitre se reanimaron y volvieron a unirse, volviendo a volar hacia mí con otros buitres que aparecieron del horizonte por millares y tratando de posarse en mi cabeza. En esos cruciales momentos pude percibir, que sus sombras oscurecían la luz del sol dejando el lugar en penumbra; Sin embargo, en una lucha igual como con el primer buitre, los vencí a todos; después de acabar con ellos, procedí desesperadamente a golpear la puertecita que se había vuelto a cerrar mientras peleaba con las inmensas aves. El hombre negro que había quedado dentro me abrió la puertecita diciéndome:

— ¡Así es como se lucha en el mundo! ¡Entra y luego saldrás de este lugar!

Ingresé corriendo y cuando estuve dentro, nuevamente reprendió a la roca y esta le obedeció abriéndose de la misma manera como la vez primera, dejando una abertura. Sin esperar las órdenes del hombre corrí hacia ella y cuando estuve por atravesar el muro, súbitamente volvió la roca a su lugar atrapando la punta de mi largo y frondoso cabello, logrando soltarme tirando mi cabeza con persistencia y mucha dificultad.

Al otro lado del muro, nuevamente me vi sola y aterrada clamaba al Señor Jesús en mi corazón, en seguida encontré un caminito muy estrecho que se extendía hacia lo alto, comencé a caminar por ese estrecho sendero pasando mi cuerpo con las justas –es decir mi espíritu o alma– Ascendí un trecho bastante largo clamando al Señor permanentemente en mí ser. Cuando estuve caminando y caminando con mucha dificultad, repentinamente se presentó una persona semejante al Señor Jesús y éste me dijo con dulzura.

— Mira hijita, te falta solamente un corto tramo, llegando encontrarás una gradería angosta por donde podrás proseguir tu ascenso.

Testimonio

Reanimada y aliviada por la súbita presencia de ese misterioso y amable personaje, seguí el difícil ascenso por un estrecho caminito y luego por una angosta gradería; encontrando en lo alto, un extendido puente que cruzaba un profundo abismo, percibiéndose desde allí en la profundidad, un mar de aguas azules. Por la profundidad del abismo era más hondo que el anterior, me atemoricé pensando que quizá caería en ella, pero clamé al Señor en mi corazón y ese mismo ser que se me presentó durante mi ascenso, nuevamente me dijo:

— Por este puente aparecerá un león, toma esta espada y con ella te defenderás, ¡no sueltes por ningún motivo!, deberás poner como vara entre las fauces del león ¡mantente fuerte y no temas!

Agarré la espada y esta tenía dos filos muy afilados, pero con el manubrio de madera. Seguidamente me entregó un manojo de papel, diciendo:

— Con este manojo de papel te defenderás del ataque del león, representa la oración, con ella enrostrarás a la fiera y poner la espada entre sus fauces como tranca.

Después que recibí esos dos instrumentos, el celestial ser que me las entregó desapareció súbitamente; en tanto que, por el otro extremo del gran puente, apareció un enorme león rugiendo amenazadoramente y dirigiéndose hacia mí con intenciones de devorarme.

Conforme a las instrucciones que recibí de aquel ser celestial, con el manojo de papel enrostré a la fiera empañándole los ojos, mientras con la espada hice retroceder de a poco. Por el fragor de la lucha, el manojo de papel se me cayó al piso, pudiéndolo recoger con dificultad ayudándome de a poquito con un pie mientras peleaba con el león, luego seguí enrostrándolo decididamente, mientras que con la espada logré derribarle haciéndolo caer del puente al profundo abismo. El animal cayó bramando ensordecedoramente estrellándose en el azulino y profundo mar, cuyo impacto hizo salpicar las aguas a una gran altura; simultáneamente, se escuchó una voz que me animaba diciendo.

— ¡Ahora! ¡Sigue caminando! ¡Ya ganaste!

Luego corrí por el puente llegando al otro extremo, encontrándome allí con un camino ancho plomizo y brillante. Sin vacilaciones emprendí a la carrera por ese camino llegando a otro camino de color plateado, por donde también emprendí a correr un buen trecho, encontrándome en seguida con otro camino de color dorado como oro muy reluciente. Seguí corriendo por ese camino de oro y mientras corría me acordé del pasaje escrito en Apocalipsis respecto al cielo, al instante identifiqué que el lugar por donde estaba corriendo ya era el cielo. Automáticamente sentí en mí ser una paz inmensa y gran regocijo.

La carrera se convirtió en un caminar apacible y sosegado, en un mundo hermoso y jamás visto en la tierra. Cuando estuve caminando embelesada y estupefacta, se presentó un ángel; aquél ser con figura humana pero hermoso, estaba vestido de atuendos blancos y relucientes, de su espalda salían dos grandes alas batiendo lentamente como cual paloma blanca bate sus alas al posarse. Ese hermoso ser, amorosa y dulcemente me pregunto.

— ¿A dónde vas?

— Estoy yendo al cielo donde el Señor Jesús le respondí contenta.

— ¡Ya estás en el cielo! Ahora encontrarás una gran puerta que tiene dibujos de ángeles, pero no toques esa puerta; hay otra pequeña, donde está sentado el anciano Pedro, preséntate ante él.

Disfrutando del hermoso encuentro, proseguí el camino impresionada por lo hermoso y apacible de aquel lugar, luego encontré esa puerta grande, exactamente igual a las descripciones que me dio el ángel, pero no toqué obedeciendo sus instrucciones.

Seguidamente encontré otra pequeña puerta tocando tres veces con los nudillos de mi mano derecha; se abrió y del otro lado salió un anciano de cabellos y barbas muy blancas y largas; éste, mirando fijamente a los ojos con mucha amabilidad me preguntó.

— ¿Que buscas hija mía?

— ¡Al señor Jesús!, le respondí emocionada.

— ¿De dónde vienes?

— De la iglesia evangélica de la calle Arequipa, le respondí

— Hijita, el Señor no te va a conocer por la iglesia evangélica de la calle Arequipa, me objetó.

—¡Pero señor!, yo le amo al Señor Jesús, entregué mi vida a Él y vengo a buscarle, acoté suplicante.

—No te va a conocer el Señor Jesús si dices que vienes de la iglesia de la calle Arequipa; dirás que vienes, en nombre del Señor Jesucristo, quien murió en la cruz por ti y derramó su preciosa sangre por tus pecados, ¡en ese nombre vengo! dirás.

En seguida el anciano llamó a un ángel y le dijo:

— ¡Esta mujer viene en el nombre del Señor Jesús!

El ángel después de dirigirme su dulce mirada, fue corriendo y entró en un suntuoso edificio que para mí, era el templo. A los pocos instantes retornó y me dijo:

—¡Pasa!

Obedecí inmediatamente e ingresé al inmenso edificio, viendo que era un lugar muy amplio y espléndido como un gran templo, calculé su tamaño como si fuera la extensión de tres manzanas de una urbanización. El interior estaba repleto de ángeles, al fondo, en un escenario de hermosos y espléndidos ornamentos, el Señor Jesucristo estaba adorando al Padre, –por lo menos así me pareció– Todos los ángeles estaban mirando hacia Él.

Seguidamente me pareció que el Señor Jesús estaba predicando alzando sus manos con solemnidad, seguido de esos seres angelicales quienes también al unísono alzaban sus manos adorándole. Luego el Señor Jesús se puso de rodillas en actitud de adoración, los ángeles también se arrodillaron todos en perfecto orden recogiendo sus alas lentamente, cuyas puntas al unirse entre si producían sonidos indescriptibles.

Después de estar arrodillados un instante, todos se pusieron de pie en perfecto orden entonando con gran solemnidad el himno, "Oíd un son en alta esfera, en los cielos ¡Gloria a Dios!"2; himno, que me era familiar y cantábamos siempre con los hermanos en la iglesia. Himno entonado con música celestial, digo así, porque no había escuchado en la tierra otra música igual.

El ángel que me guiaba me hizo pasar por un lado de esa muchedumbre de ángeles, haciéndome llegar a la presencia del Señor Jesús que se encontraba en lo alto de aquel espectacular y suntuoso escenario, que nunca antes había visto. De lo que estaba adorando, al notar mi presencia bajó unos peldaños pausadamente y me preguntó con voz amorosa.

— ¿A qué has venido?

— Señor…, vine porque mi esposo me maltrata mucho.

---

2 . Al final se reproduce el texto íntegro del citado himno.

— ¡Sí!, sé que él te maltrata mucho, estás aquí porque tenía que ser así, y lo que has hecho se tenía que cumplir; pero…, tienes que volver.

— ¡Señor! ¡No quiero volver al mundo! ¡Quiero quedarme aquí!, —le contesté angustiada.

— Bien, ahora vas a ver al mundo. Luego destapó el piso por una esquina como si fuese una alfombra y prosiguió:

— Hijita, ¡allí está tu esposo llorando arrepentido!

Al dirigir la vista por el espacio donde había destapado el Señor, vi abajo en la tierra: mi casa, mi dormitorio, sobre la cama estaba tendida mi cuerpo vestida tal como me encontraba cuando ni esposo me golpeó. Éste estaba de rodillas llorando y tratando de reanimarme al parecer estaba dándome de beber agua, luego se puso de pie y corrió hasta la puerta de la calle y pidió a gritos ¡auxilio!; nadie le escuchó a su llamado, nuevamente volvió corriendo al dormitorio y levantando mi cabeza procuraba despertarme, pero mi cuerpo estaba inerte. Entonces el Señor me dijo:

— ¿Ves, como está tu esposo?, está arrepentido, ¡tienes que volver!

— ¡Señor!, permíteme por favor ver a mi mamá también! En seguida el Señor llamó a dos ángeles y les dijo:

— Vayan y háganla ver a su mamá y también que conozca su casa. Los ángeles me llevaron a una inmensa habitación donde había un gran libro, noté que su tapa estaba tallada en cuero con dibujos de ángeles; en eso, los dos seres que me guiaban comenzaron a hojear el gran libro buscando algo escrito con mucha tranquilidad, es más, uno de ellos me pregunto:

— ¿Cuándo murió tu mama?

— Cuando tuve siete años –le contesté– No recordaba la fecha, solo sabía que era un día a las siete de la mañana. Hojeando el libro hacia atrás, encontraron una hoja muy vieja que estaba casi por romperse; leyendo con tranquilidad esa hoja me dijo:

— ¿Esta no es Natividad Rodríguez Quinto? ¿Ella es tu mamá?

Al escuchar su nombre completo sin que le dijera a ellos como se llamaba, perpleja y lleno de gozo solo atiné a asentir afirmativamente con mi cabeza, y dijo:

—¡Está en la sección de las que tuestan maíz!

Cerrando el gran libro, uno de esos seres angelicales me guio a un ambiente donde efectivamente mi mamá se encontraba tostando maíz para cancha. La vi rejuvenecida y hermosa y le grité de lejos diciendo:

—¡Mamá Natividad!

Escuchando su nombre, miró hacia donde estaba y me preguntó sorprendida:

– ¿Quién eres?

— ¡Yo soy…, tu hija Segundina!

Al escuchar mi nombre se levantó en seguida muy contenta y corrió hacia mí diciendo.

— ¡Hijita! ¡Hijita! ¡Has venido ya!

— ¡No!, dice el Señor Jesucristo que debo volver todavía! Entonces, del recipiente en el que estaba tostando el maíz, tomó un puñado de cancha entregándome envuelto en un papel. Luego de probar unos cuantos granos, sentí que era extremadamente delicioso, bocado que jamás había conocido ni probado en el mundo; el resto lo envolví en el mismo papel, guardando bajo mi chompa para llevarle a mi esposo.

Salimos de ese lugar siempre guiado por esos dos ángeles para conocer mi casa en el cielo. En el camino y sin pensarlo nos encontramos con mi papá, el mismo que se encontraba en un ambiente amasando panes en una tabla de madera. Al verme me reconoció y exclamó.

— ¡Hijita! ¡Ya has venido! Luego alargó su mano a una canasta lleno de panes, sacó unos cuantos y me alcanzó diciendo cariñosamente:

— ¡Come hija, come!

Recibí los panes y comí un pedazo, sintiendo al igual que la cancha un sabor muy agradable y diferente a los panes que había probado antes. El resto de los panes lo guardé bajo mi chompa juntamente con la cancha —según estimé en ese momento— para hacer probar a mi esposo cuando vuelva a la tierra.

Seguimos caminando con los ángeles por lugares que me es imposible describir, llegando a una hermosa casa cuya estructura estaba construida de puro cristal, se notaba la transparencia por todos lados –hecho por lo que juzgué que era de cristal o vidrio– La edificación era muy impresionante y hermoso, casa que jamás había visto en la tierra. Entramos allí y mientras caminaba impresionada, vi mi figura por todos lados como en un espejo; el piso también era de cristal que reflejaba mis zapatos, notándose aún los estaquillos[3] con que estaban clavadas las suelas.

En ese momento no entendía por qué la materia de mi cuerpo, mis prendas y todo lo que allí existía era totalmente transparente, dejando traslucir aun ese pequeño elemento con que es-

---

[3] . Clavitos de madera que antiguamente se usaba en la zapatería.

taba hecho mi calzado. Me encontraba impresionada y pasmada, cuando un ángel habló diciendo:

— Mire señora, en el techo de tu casa faltan tres calaminas, tienes que completar esas que faltan.

Obedeciendo al ángel dirigí la mirada al techo, viendo que efectivamente había un espacio vacío que faltaba cubrir; entonces comprendí, que esas calaminas que faltaban para terminar la casa, serían los trabajos que me faltaban culminar en la tierra, tales como: predicar el Evangelio de Salvación y constituir iglesias o grupos de damas creyentes en toda la región del centro, que el Señor me había encomendado en su primera revelación mediante un sueño4, y esa era la causa de las molestias de mi esposo.

Seguidamente los ángeles me hicieron volver al lugar donde se encontraba el Señor Jesucristo, dándole cuenta de su cometido diciendo:

---

⁴ . El relato de ese sueño se encuentra transcrito al final.

— Señor, ya lo hicimos ver a su mamá, papá y su casa.

— ¡Bien! contestó el Señor. Luego, dirigiendo su mirada hacia mí y dijo con divina amabilidad.

— Sigue trabajando para que completes las tres calaminas de tu casa.

Ni bien terminaba de hablar, súbitamente volví a mi cuerpo que se encontraba tendida en mi cama, luego vi a mi esposo que estaba dándome a beber agua con una cuchara desde una taza y alzando mi cabeza con su brazo izquierdo. Al verter el agua en mi boca en estado inerte o de muerte, probablemente se habría quedado en mi garganta y al volver mi espíritu, reanimó mis funciones orgánicas de la respiración, provocándome ahogo; por esa causa tosí, expulsando el líquido con soplidos frente a él, quien, viéndome con vida sorprendido exclamó:

—¡Ahí está! ¡Está reviviendo!

Luego me abrazó con ternura llorando amargamente y prometiéndome no volver a maltratarme nunca más.

Testimonio

El tiempo que había permanecido inerte o muerta, era desde las siete a doce de la noche, cinco horas. Mi esposo contó, que en ese lapso había estado literalmente muerta, debido a que no presentaba signos de vida en el latido de mi corazón, pulso y el aliento, después del feroz puntapié que me dió en la boca del estómago. Pensando que me había dado muerte que constituía crimen, dijo que sintió mucho miedo de ir a la cárcel; y es por ello, que no pudo pedir mayor auxilio, atinando solamente de estar a mi lado procurando reanimarme.

De ese día en adelante, no volvió a maltratarme física ni verbalmente; es más, se reconcilió con el Señor Jesús, llegando a ser Diácono en la Iglesia Evangélica Peruana del jirón Arequipa, Huancayo. Mientras que yo continué trabajando para el Señor, habiendo formado y liderado las Sociedades de Ligas Femeninas en Junín y Huancavelica, de cuyo trabajo di cuenta a la iglesia mediante informe escrito, cuya copia lo conservo.

TRANSCRIPCION DEL HIMNO

"OID UN SON EN ALTA ESPERA"

Oíd un son en alta esfera;
¡En los cielos gloria a Dios!,
¡Al mortal paz en la tierra!
Canta la celeste voz.
Con los cielos alabemos
Al eterno Rey; cantemos
A Jesús, a nuestro bien
Con el coro de Belén.
Canta la celeste voz:
¡En los cielos gloria a Dios!

El Señor de los señores,
El Ungido celestial
A salvar los pecadores
Vino al mundo terrenal.
Loor al Verbo encarnado.
En humanidad velado;
Gloria al Santo de Israel.
Canta la celeste voz:
¡En los cielos gloria a Dios!

Príncipe de paz eterna,
¡Gloria sea a Ti Jesús!

Testimonio

De tu heredad paterna
Nos trajiste vida y luz,
Has tu majestad dejado,
Y buscarnos te has dignado;
Para darnos el vivir,
A la muerte osaste ir.
Canta la celeste voz;
¡En los cielos gloria a Dios!

TESTIMONIO DE LA ANCIANA SEGUNDINA AQUINO

REFERENTE A SU LLAMAMIENTO[5]

Una noche mientras dormía, soñé que el Señor Jesús se me presentó y me llamó, haciéndome ver una pampa muy grande en Huancayo, cuya extensión y extremo no podía alcanzar a ver, pero a mi parecer llegaba hasta la provincia de Jauja. Todo ese terreno estaba sembrado de trigo y miré que sus tallos y espigas eran grandes y hermosos, los cuales me causó asombro y admiración y dije en mí ser.

— ¡Que ricos granos!, noté que ya estaban maduros próximos a ser cosechados, y en algunas partes aún estaban verdes; pero en los bordes del inmenso trigal, los animales habían daña-

---

[5] . El relato ha sido corregido por el autor de esta obra sin variar su sentido y argumento, debido a que el original habría sido escrito por alguien que no tenía conocimiento de reglas gramaticales y ortografía.

do haciéndolos caer; en otros sectores, el trigo caído estaba pisoteado por animales, antes que la espiga haya madurado. Viendo ese cuadro el Señor Jesús me dijo:

— ¿Qué te parece hija lo que ves?

— ¡Señor! ¿Puedo amarrar manojo por manojo esos trigos caídos para que maduren para la cosecha? Le pregunte amablemente.

— ¡Dejo a tu elección hija!, acotó el Señor. Entonces nuevamente le sugerí voluntariosa:

— Voy a suplicar a mi esposo para que ponga estacas y construya chacllas[6] comprando del aserradero y yo amarraré los trigos caídos por manojos.

Ante mi sugerencia el Señor mostró su alegría sonriendo entusiasmado. Después noté que dentro del trigal estaban muchos animales y nuevamente le pregunté diciendo:

---

[6] . Enramadas.

— ¿Por qué están esos animales allí Señor? ¿Por qué no las hechas fuera?

Entonces llamó a unas personas que estaban por allí a quienes los mandó sacarlos cuando estaban haciendo perjuicio al trigo. Éstos inmediatamente obedecieron y echaron fuera a todos esos animales del trigal.

Seguidamente me fijé, que en una parte del cercado que circundaba el gran terreno, había una abertura que supuse que por allí volverían nuevamente los animales para hacer daño al trigo. Nuevamente le pedí diciendo.

— Seño Jesús, ordena a esas personas que los tape esa abertura. Él, inmediatamente los mandó a tapar y luego me dijo:

— Todo ese terreno es tuyo, ¡cuídalo! de ti depende que esté cuidado o no. Luego despareció de mi lado como si se esfumara.

En seguida desperté del sueño y mi esposo que dormía a mi lado me preguntó sorprendido.

— ¿Con quién conversabas?, escuché que estabas conversando en tu sueño con alguien.

Testimonio

— Con el Señor Jesús conversaba, le dije sobrecogida; contándole en ese momento lo que había soñado.

Entendiendo que mi sueño era una revelación de Dios, nos propusimos a orar los dos para que nos confirme la revelación; luego tomamos la biblia y abriendo sus hojas encontramos el pasaje "El campo está maduro, más los obreros son pocos" (Mt.9:35-37 y Lc.10:1-2)[7].

Por la revelación que recibí en el sueño y al haber leído esos pasajes juntamente con mi esposo, oramos durante un mes. Tiempo en que el Señor nos confirmó, llamándome a efectuar el trabajo de atender el Departamento de Ligas Femeninas. Entidad iniciada hace cinco años por la hermana Rosa de Fernández en Concepción y Jauja, formando un Comité de Liga de mujeres, obra que por motivo de conflictos internos se había detenido.

---

[7] . Las referencias de los textos bíblicos no están en el relato, el autor de esta obra los ha incorporado como evidencia.

Así sentí la necesidad de continuar ese trabajo, comunicando mi llamado a la Iglesia Evangélica Peruana del Jirón Arequipa donde estaba empezando a congregarme, y en compañía de la hermana Agripina Goytizolo, reiniciaríamos esa misión, comprometiéndose también las demás hermanas asistentes a esa reunión. Orar diariamente de 3 a 6 pm. Durante un mes y los días miércoles Ayuno y Oración, para la continuación de ese trabajo iniciada años atrás por la hermana Rosa de Fernández.

Asimismo, en esa reunión, solicité que todas las hermanas saliesen a predicar de dos en dos como lo mandó el Señor. Debo señalar que la revelación en mis sueños fue en diciembre de 1955 y en el primer domingo del mes de febrero de 1956, comenzamos la obra en la iglesia de Concepción, pese a la oposición de los hermanos de esa iglesia, de donde incluso nos sacaron del templo; pero por gracia de Dios, un hermano del consistorio persuadió a los demás, para conversar y escuchar nuestros planes. Conversación que se dio el día martes de la semana siguiente, quienes, escuchando nuestros planteamientos y el llamamiento de Dios, aceptaron que trabajemos allí formando la Liga Femenina, cuyas reuniones se efectuaron todos los días martes.

El primer día del mes de marzo partimos a Jauja, donde también hubo oposición; no obstante a ello, proseguimos a reunir a las hermanas enseñándoles el Evangelio de nuestro Señor Jesús como el de la mujer Samaritana, por cuya reflexión las hermanas tomaron conciencia mostrando su interés, por los que junto con ellas se realizó la obra en esa iglesia, pese a la oposición de sus esposos reuniéndonos todos los días viernes.

De Jauja pasamos a Marco, donde también fuimos rechazadas diciendo que no había mujeres. Volvimos a Jauja llegando al Hogar de Menores a cargo de la iglesia, apoyando ese servicio por un corto tiempo, para luego viajar a Ricrán donde no había iglesia. De allí pasamos a Corimarca, visitando casa por casa predicando el Evangelio de Salvación, donde se entregaron muchas mujeres y formamos la Liga Femenina, las mismas que se capacitaron como verdaderas mujeres cristianas con resultados maravillosos, habiéndose realizado allí cuatro convenciones muy bendecidos.

Después viajamos a La Oroya y posteriormente a Tarma donde existía Ligas Femeninas y por petición de ellas organizamos una convención. De allí pasamos a Llocllapampa, donde debido a la reducida cantidad de hermanas, no se instaló la Liga; de allí fuimos a Villa Xauxa donde organizamos una convención muy bendecida por el Señor. Seguimos a Muquiyauyo en el mes de abril, lugar donde reunimos a todas las hermanas en Cristo e instalamos una Liga para posteriormente llevar a cabo una convención, que impulsó al crecimiento de esa iglesia; pasando después a Muqui, donde organizamos una Liga y realizamos una convención.

En mayo de 1956 realizamos una convención en Aco, lugar donde anteriormente hemos visitado impulsando la obra, luego de muchas luchas por la idiosincrasia idolátrica de sus habitantes; mediante ayunos y oraciones frecuentes, organizamos la Liga de hermanas presidida por la señora de Galarza; habiendo realizado posteriormente, seis convenciones muy bendecidas donde fueron ganadas muchas almas para Cristo. Luego en Sincos instalamos una Liga, pero, debido a que las hermanas se trasladaron a diferentes lugares, la obra quedó inconclusa.

Testimonio

En el mes de Julio llegamos a Aramachay, donde formamos una Liga cuya primera presidenta fue la hermana Hilda Quintana, donde hemos organizado cuatro convenciones convirtiéndose muchas personas. De allí pasamos a Pampa-cruz, lugar donde no se pudo hacer el trabajo debido a que allí solo existía una hermana en la fe.

Después de realizar todo ese circuito, retornamos a Huancayo visitando a la Perla de Chupaca, donde instalamos una Liga realizando convenciones convirtiéndose muchas mujeres; proseguimos a Huamanmarca, Huayucachi, Viques, Chongos bajo, realizando convenciones muy bendecidas, excepto en Chongos bajo8.

Concluyendo la instalación de Ligas Femeninas de la Iglesia Evangélica Peruana en todos esos lugares, volvimos a visitar a cada una de esas iglesias, fortaleciendo y animando a las hermanas agrupadas en Ligas y continúen predican-

---

[8] . Los términos: Chongos bajo, Viques, Sincos, Aramachay, etc. Son nombres de las localidades y/o distritos del Dpto. de Junín y Huancavelica.

do el Evangelio de Salvación en cada uno de esos pueblos y comunidades. También visitamos a Huamalí, organizando convenciones en cuyas actividades se convirtieron muchas personas.

Seguidamente visitamos al Departamento de Huancavelica, comenzando por el Distrito de Iscuchaca, con apoyo de las hermanas misioneras de ese lugar. De allí pasamos a Palca realizando convenciones que fueron maravillosos. De allí fuimos a Choclococha y Santa Inés, instalando sus respectiva Ligas y realizando convenciones bendecidas. Pasamos a Castrovirreyna en donde el Seños de forma maravillosa permitió que se realizara convenciones y formación de Ligas rápidamente. Luego pasamos de visita a Nazca, Ica y Chincha de donde retornamos a la ciudad de Huancayo para visitar nuevamente a todas las Ligas que anteriormente habíamos formado. De allí pasmos a la zona éste de Huancavelica, visitando a Pampas, Muquicalto, Muquicbajo, Putjayo, Alfapata, lugares donde organizamos la Ligas Femeninas y realizamos convenciones.

Por el fallecimiento de mi esposo acaecido el año 1979, un año después dejé la obra; tomando la posta, la esposa del hermano Sabich, como

Testimonio

Presidenta Regional de las Ligas Femeninas de la IGLESIA EVANGELICA PERUANA. Posterior-mente hubo otras hermanas que asumieron dicho cargo, que continuaron con esa labor; mientras que por mis problemas que se presentaron con la casa que me dejó mi esposo, quedé contribuyen-do en estos últimos tiempos, alentar y exhortar a los jóvenes de nuestra iglesia, para que sigan con la obra orando continuamente al Señor.

Hermana Segundina Torneros

AGRADECIMIENTO Y MENCIÓN DE LAS HERMANAS QUE APOYARON AL LLAMAMIENTO Y REINICIAR CON LA OBRA

Las que unidas se reunían en oración todos los días de 3 a 6 pm durante un mes, después de mi llamamiento y antes de iniciar con la misión encomendada por el Señor Jesús fueron:

Hna. Juana de Marabí.
Hna. Agripina de Goytizolo.
Hna. Espíritu la Torre.
Hna. Petronila Ramos.
Hna. Elena de farronique.
Hna. Graciela de Chica.
Hna. Eliza Ricanqui Ricaldi.
Hna. Alejandrina de Vargas (Puno)
Hna. Justina Casimiro (Huánuco)
Hna. Alicia de Alfaro.
Hna. Maximina de Ochoa.
Hna. Roda de Fernandez.
Hna. Ventura Marabí de Durán.
Hna. Delia Durán.
Hno. Marbí Rodasindo.

Testimonio

Diploma que la iglesia le otorgó a la hermana Segundina, por su invalorable servicio al Señor al frente de las damas.

IGLESIA EVANGELICA PERUANA

Jr. Arequipa 1019-1023 Huancayo

Diploma de Honor

Otorgado a: *Segundina Torreras Vda. De Aquino*

En **RECONOCIMIENTO** por su trayectoria y contribución a la vida y misión de nuestra Iglesia.

En Huancayo, al 13 de Septiembre de 2004

He peleado la buena batalla, he acabado la carrera, he guardado la fe.

2 Timoteo 4:7

79° Aniversario

Florencio Guerra S.
Pastor

Samuel Torres Jiménez
Presidente del Consistorio

Eloy Rojas Sosa
Pastor Principal

Elías Yantavilca Ch.
Presidente del Presbiterio
Hyo-Concepción-Chupaca

Rufino Torres Parra.
Anciano del Consistorio

www.ingramcontent.com/pod-product-compliance
Lightning Source LLC
Chambersburg PA
CBHW051402150726
48000CB00003B/1297